PARA:
DE:

DIREÇÃO EDITORIAL: Lidia María Riba
DIREÇÃO DE ARTE: Trini Vergara
TRADUÇÃO: Lelia Wistak
DESIGN: Dora Murano
ILUSTRAÇÕES: Emilio Pettoruti (por cortesia da Fundação Pettoruti)

www.livropresente.com

Publicado anteriormente sob o título *Para um homem de êxito.*

Rua José Felix de Oliveira, 1205
CEP 06708-645 - Granja Viana - Cotia - São Paulo
Tel./Fax: (55-11) 4612-2866
e-mail: editoras@livropresente.com.br

ISBN: 978-85-7683-244-7

Impresso na China - Printed in China

Dados Internacionais de Catalogação na Publicação (CIP)
(Câmara Brasileira do Livro, SP, Brasil)

Para um homem de sucesso / edição de Lidia María Riba;
Tradução Lelia Wistak. 3. ed.
Cotia, SP: Vergara & Riba Editoras, 2010.
Título original: Para un hombre de éxito.
Vários autores.

ISBN 978-85-7683-244-7

1. Aforismos e apotegmas 2. Citações 3. Máximas
4. Sucesso I. Riba, Lidia María.

10-04314 CDD-808.882

Índices para catálogo sistemático:
1. Êxito : Citações : Coletâneas : Literatura 808.882
2. Êxito : Máximas : Coletâneas : Literatura 808.882

Para um homem de sucesso

Edição de Lidia María Riba

com pinturas de Emilio Pettoruti

V&R Editoras

Líderes e vencedores

Em poucas palavras, um líder é um homem que sabe aonde quer ir, põe-se de pé e vai.

John Erskine

Não estamos interessados na possibilidade da derrota.

Rainha Vitória

Todos os homens de ação foram e são também sonhadores.

James E. Huneker

A primeira e a melhor das vitórias é a conquista de si mesmo.

Platão

O homem que certamente avançará é aquele que é grande demais para o seu lugar...

Wallace D. Wattles

Perguntar: "Quem deveria ser o chefe?" é como perguntar: "Quem deveria ser o tenor neste quarteto?" Obviamente, o homem que tiver voz de tenor.

Henry Ford

A liderança é a habilidade de conseguir que os homens façam o que não querem fazer e que, além do mais, gostem de fazê-lo.

Harry Truman

Um homem inteligente criará mais oportunidades do que aquelas que encontrar.

Francis Bacon

A capacidade para aceitar responsabilidades indica a medida de um homem.

Roy L. Smith

Um bom gerente é aquele que não se preocupa com sua própria carreira, mas com a daqueles que trabalham para ele.

H. S. M. Burns

Seja quem for que lhe der um emprego, faz isso por um motivo egoísta: você deve ser mais valioso para ele do que o dinheiro que este lhe paga.

David Seabury

Em lugar de ser um homem de sucesso, procure ser um homem valioso: o restante chegará naturalmente.

Albert Einstein

É mais fácil conquistar o primeiro lugar do que mantê-lo.

Bill Bradley

Não tento dançar melhor do que ninguém. Só trato de dançar melhor do que eu mesmo.

Mikhail Baryshnikov

Um homem deve seu sucesso à sua primeira mulher. E sua segunda mulher, ao seu sucesso.

Red Buttons

Enquanto jogo, acredito que ninguém é capaz de me deter.

Michael Jordan

Os caminhos...

Todos remam em direção à margem das vitórias. Mas, se você trata de atingir a meta suprema, todas as metas menores serão alcançadas. O caminho que tento percorrer é espiritual, por isso sei que conseguirei todos os meus objetivos menores. Realizarei todas as minhas aspirações.

John McLoughlin

Dê ao vento e à maré a oportunidade de mudar.

Richard Byrd

Sempre há espaço para mais um no topo.

Daniel Webster

Alguns homens observam o mundo e se perguntam "por quê?" Outros homens observam o mundo e se perguntam "por que não?"

George Bernard Shaw

Ou nem sequer o tentes, ou senão lança-te por completo a fazê-lo.

Ovídio

Toda a minha vida escutei as pessoas dizerem que eu não poderia conseguir.

Ted Turner

A corrida não é só para os velozes, assim como a batalha não é só para os fortes.

Eclesiastes

Nossas dúvidas nos atraiçoam já que, por meio do temor, fazem-nos perder tudo de bom que poderíamos ganhar.

William Shakespeare

O pensamento, a visão, o sonho... sempre precedem a ação.

Orison Swett Marden

Não há aprendizagem como a que dá a adversidade.

Benjamin Disraeli

Nunca é tarde demais para ser o que você poderia ter sido.

George Eliot

Cada desvantagem tem sua vantagem equivalente: se você se der o trabalho de encontrá-la.

W. Clement Stone

Somos criadores,
e podemos fabricar
hoje o mundo no qual
viveremos amanhã.

Robert Collier

Se tiver fé de que serei capaz de fazê-lo, vou adquirir certamente a capacidade de realizá-lo, mesmo se não a possuir ao começar.

Mahatma Gandhi

Ou acharemos um caminho, ou então o construiremos.

Aníbal

Há uma maneira
de fazer melhor:
encontre-a.

Thomas A. Edison

Não pense jamais
que a oportunidade baterá
duas vezes à sua porta.

Nicolás Chamfort

O sucesso
não se obtém
por combustão
espontânea. É
preciso acender o
fogo de si mesmo.

Reggie Leach

Um montão de pedras deixa de ser simplesmente um montão de pedras, no momento em que um só homem as contempla, desenhando dentro de si a imagem de uma catedral.

Antoine de Saint-Exupéry

Se deseja atingir o mais alto, comece do mais baixo.

Ciro, o Grande

Não fracassei: descobri que mil e duzentos materiais não servem.

Thomas A. Edison

Nunca um desejo lhe foi concedido sem que lhe tenha sido concedido o poder de torná-lo realidade.

Richard Bach

É fácil ter fé em si
mesmo e disciplina
quando se é um vencedor,
um número um.
Mas deve conservar a
fé e manter a disciplina,
mesmo quando não
estiver vencendo.

Vince Lombardi

Chaves, ideias e segredos

Faço o melhor que sei, da melhor maneira que sou capaz, e pretendo continuar fazendo assim até o fim.

Abraham Lincoln

Nunca tive
a ambição de
fazer fortuna.
Fazer só dinheiro
jamais foi meu
objetivo.
Minha ambição foi
sempre construir.

John D. Rockefeller

O triunfo é filho
da ousadia.

Benjamin Disraeli

Até o pica-pau
deve seu sucesso ao
fato de que usa a sua
cabeça e, além disso,
continua batendo até
terminar o trabalho
que começou.

Coleman Cox

Ganhar não é tudo, mas querer ganhar, sim, é.

Vince Lombardi

Um dos segredos do sucesso empresarial consiste não na pessoa mesma fazer o trabalho, mas em reconhecer o homem apropriado para fazê-lo.

Andrew Carnegie

Faça só uma coisa
extremamente bem.
Depois, faça a seguinte.

Peter Zarlenga

Um homem
jamais é dono de
uma ideia até que
possa expressá-la
com clareza.

Lew Sarett

Se A é igual a sucesso na vida, então A = X +Y + Z.
X é trabalho, Y é jogo e Z é manter a boca fechada.

Albert Einstein

O sucesso... parece estar
relacionado com a ação.
Os homens de êxito
permanecem sempre em
movimento. Cometem
erros, mas não se dão por
vencidos.

Conrad Hilton

Não posso definir o poder. Tudo o que sei é que existe, e que se torna real só quando um homem se acha nesse estado mental no qual sabe com exatidão o que quer, e decide não renunciar até encontrá-lo.

Alexander Graham Bell

Nenhum homem pode tornar-se rico ou atingir qualquer tipo de êxito duradouro nos negócios, se for um conformista.

J. Paul Getty

Saia, compre um lápis de cinco centavos, um caderno de dez centavos e comece a escrever ideias que valham milhões.

Bob Grinde

Para ganhar é necessário ter vontade e desejo. Mas o desejo está em primeiro lugar.

Sam Snead

Nunca permita que a pressão de concorrer seja maior do que o prazer de concorrer.

Jim Rodgers

O segredo de um negócio é que você saiba algo que ninguém mais sabe.

Aristóteles Onassis

Para tocar música celestial você deve conduzir seus olhos a uma estrela distante.

Yehudi Menuhin

Muitas vezes, quando durante a luta parece não haver esperança e se perderam todas as oportunidades, alguns homens -com um pouco mais de coragem e exigindo de si mesmos um pouco mais de esforço- conseguem a vitória.

James F. Bell

Uma ideia pode transformar-se em pó ou em magia, depende do talento com que você a fricciona.

William Bernbach

Acredito firmemente em que um homem só dá o melhor de si quando faz coisas das que desfruta verdadeiramente.

Jack Nicklaus

O caminho ao triunfo torna-se solitário, porque a maioria dos homens não está disposta a enfrentar e vencer os obstáculos que se escondem nele. A capacidade de dar esse último passo, quando você está esgotado, é a qualidade que separa os vencedores dos demais corredores.

Edward Le Baron

Seu sucesso depende, muitas vezes, do sucesso das pessoas que o rodeiam.

Benjamín H. Bristol

O primeiro passo para chegar a qualquer lugar é você decidir que não vai permanecer onde está.

John P. Morgan

Cristalize suas metas. Elabore um plano para atingi-las. Marque uma data máxima. Então, com suprema confiança, leve adiante seu projeto.

Paul Meyer

Quando você compreender cabalmente a raiz do significado da palavra "sucesso", descobre que quer dizer "siga em frente".

Francis Nichol

Um dos problemas do sucesso reside em que a ideia que se tem do que significa torna-se irremediavelmente pequena no instante de atingi-lo.

Tom Stoppard

O sucesso não é tanto a conquista em si mesma, como o conquistar.
Recuse a fazer parte da cautelosa multidão dos que jogam para não perder.
Jogue para ganhar.

David Mahoney

A glória consiste no próprio prazer da subida.

Elbert Hubbard

Ajude sua gente a encontrar mais motivações para o seu trabalho, guiando-a à fonte de seu próprio poder.

Paul G. Thomas

O sucesso interior

A ideia de que o triunfo corrompe as pessoas tornando-as vaidosas, egoístas e autocomplacentes é errônea: ao contrário, converte-as, quase sempre, em humildes, tolerantes e amáveis. O fracasso faz as pessoas amargas e cruéis.

William Somerset Maugham

Nossa maior glória não se baseia em não havermos fracassado nunca, senão em ter-nos levantado cada vez que caímos.

Confúcio

Um homem triunfou se, entre a hora em que despertou e o momento em que deitou à noite, fez o que teve vontade.

Bob Dylan

A melhor parte da nossa vida é a parte criativa. Acreditem, amo o sucesso... Porém, a verdadeira exaltação espiritual e emocional está no fazer.

Garson Kanin

Se um homem ama o seu trabalho,
além de qualquer questão de triunfo
ou de fama, é um eleito pelos deuses.

Robert L. Stevenson

Todo vencedor carrega suas cicatrizes.

Herbert Casson

Se fizemos o melhor que pudemos fazer, já triunfamos.

Wynn Davis

A medida do sucesso foi sempre fácil de tomar. É a distância entre o próprio começo e o objetivo final atingido.

Michael Korda

Quando chegar ao topo...

Tome um tempo para desfrutar:
o caminho foi longo e difícil.
Tome um tempo para ajudar os outros:
muito lhe foi concedido.
Tome um tempo para compartilhar seu triunfo:
aqueles que o amam, também subiram ao seu lado.
Tome um tempo para olhar de onde você partiu:
você se julgará com menos severidade.
Tome um tempo para descansar um pouco:
há um novo cume para conquistar.

L. M. R.

Sua opinião é muito importante para nós!
Escreva um e-mail para opiniao@livropresente.com.br
com o título deste livro no "Assunto".